Angelika Rehborn

Brückenkurs Wissenschaftliches Arbeiten

Was Sie vor Vorlesungsbeginn wissen sollten

UVK Verlagsgesellschaft mbH · Konstanz
mit UVK/Lucius · München

Autorenangaben
Angelika Rehborn ist Hochschuldozentin für Wissenschaftliches Arbeiten.

Lösungen der Verständnisfragen finden Sie online unter www.uvk-lucius.de/brueckenkurse.

Die Deutsche Bibliothek – CIP Einheitsaufnahme
Die Deutsche Nationalbibliothek verzeichnet diese Publikation in der Deutschen Nationalbibliographie; detaillierte bibliographische Daten sind im Internet über <http://dnb.ddb.de> abrufbar.

Lektorat: Rainer Berger
Gestaltung: Claudia Rupp, Stuttgart
Illustrationen: © dragonstock – fotolia.com
Einbandgestaltung: Atelier Reichert, Stuttgart
Druck und Bindung: Memminger MedienCentrum, Memmingen

UVK Verlagsgesellschaft mbH
Schützenstraße 24 · 78462 Konstanz
Tel. 07531-9053-0 · Fax 07531-9053-98
www.uvk.de

UTB-Band-Nr.: 4332
ISBN 978-3-8252-4332-6

utb 4332

Eine Arbeitsgemeinschaft der Verlage

Böhlau Verlag · Wien · Köln · Weimar
Verlag Barbara Budrich · Opladen · Toronto
facultas · Wien
Wilhelm Fink · Paderborn
A. Francke Verlag · Tübingen
Haupt Verlag · Bern
Verlag Julius Klinkhardt · Bad Heilbrunn
Mohr Siebeck · Tübingen
Nomos Verlagsgesellschaft · Baden-Baden
Ernst Reinhardt Verlag · München · Basel
Ferdinand Schöningh · Paderborn
Eugen Ulmer Verlag · Stuttgart
UVK Verlagsgesellschaft · Konstanz, mit UVK/Lucius · München
Vandenhoeck & Ruprecht · Göttingen · Bristol
Waxmann · Münster · New York

Inhalt

1 Was ist wissenschaftliches Arbeiten?

Definition

Wissenschaftliches Arbeiten ist eine **Methode zur Aneignung von Wissen und zur Gewinnung neuer Kenntnisse**. Durch ein planvoll geordnetes Vorgehen lassen sich diese Erkenntnisse mittels Kommunikation in der Regel in Form von schriftlichen Veröffentlichungen verbreiten. Damit tritt man in den Dialog mit der Gemeinschaft von Wissenschaftlern und Wissenschaftlerinnen (Scientific Community) des eigenen Faches ein (Esselborn-Krumbiegel, 2012, S. 11). Man muss daher neben den Methoden der Erkenntnisgewinnung den Gegenstand und vor allem den aktuellen Forschungsstand kennen (Kornmeier, 2007, S. 1 f.).

Tipp: Setzen Sie sich im Laufe Ihres Studiums mit den wissenschaftstheoretischen Grundlagen und Methoden der Erkenntnisgewinnung Ihres Faches gezielt auseinander.

- Wissenschaftliches Arbeiten folgt präzisen Regeln, die mehr oder weniger festgelegt sind.
- Diese Regeln müssen nicht nur gelernt werden, sondern ständig geübt werden.
- Je besser dies gelingt, desto leichter ist es, eine wissenschaftliche Arbeit zu verfassen.

Wert einer wissenschaftlichen Arbeit

Der Wert einer wissenschaftlichen Arbeit reicht weit über das Studium hinaus. Auch im späteren Berufsleben sind selbstständig verfasste komplexe Texte unabdingbar. Wer anderen schwierige Zusammenhänge verständlich, anschaulich und nachvollziehbar vermitteln kann, wird Anteil an vielen guten Problemlösungen haben. Damit sichert man sich das eigene berufliche Fortkommen. Wissenschaftliches Lesen und Schreiben gehören daher zu den wichtigsten Schlüsselkompetenzen, die man im Studium erwerben kann. Sie sind weit mehr als ein notwendiges Übel.

- Es lohnt sich, auf den Erwerb dieser Fähigkeiten Zeit und Energie zu verwenden.
- Schulen Sie auch unbedingt Ihre sprachlichen Kompetenzen.
- Perfektionieren Sie Ihre Kenntnisse der deutschen Rechtschreibung und Grammatik.
- Frischen Sie Ihre Englischkenntnisse und die anderer Fremdsprachen auf.

Prinzipien wissenschaftlichen Arbeitens

Vorhandenes Wissen wird anhand der eigenen Fragestellung neu bewertet. Dabei ist es durchaus zulässig, eigene Ideen zu entwickeln und neue Fragestellungen aufzuwerfen. Dies geschieht jedoch **immer** mit Rückgriff auf die vorhandene Literatur durch sogenannte **Zitate**. Es kann nicht genug betont werden, dass dabei äußerst sorgfältig vorgegangen werden muss. Ein Leser bzw. eine Leserin muss in der Lage sein, die Argumentation anhand der angegebenen Literatur nachvollziehen zu können.

Kritische Distanz

Die wichtigste Grundhaltung wissenschaftlichen Arbeitens ist die **kritische Distanz** (vgl. Kornmeier, 2007). Das bedeutet, dass alle Aussagen anderer, bevor sie Eingang in die eigene Arbeit finden, kritisch zu überprüfen sind. Im Vordergrund steht dabei die Frage, ob es zu dem, was man gerade verfasst, eine andere (widersprechende) Meinung gibt. Damit verknüpft ist eine weitere Grundhaltung: der **Respekt** vor dem Autor / der Autorin eines Textes und Respekt vor dem Leser / der Leserin des Textes, die dadurch sicher sein können, dass die Aussagen nicht ungeprüft präsentiert werden.

Gerade als Student oder Studentin dürfen Sie alles, was Ihnen beigebracht wird, kritisch hinterfragen. Das macht Sie neugierig auf eigene Erkenntnisse und schützt Sie davor, Sachverhalte unreflektiert zu akzeptieren, nur weil ein Experte Ihres Faches es präsentiert.

Tipp: Suchen Sie sich einen bedeutenden Vertreter oder eine Vertreterin Ihres Faches und erkunden Sie wie er /sie zu den jeweiligen Erkenntnissen gelangt ist.

Eigenständigkeit

Viele Studierende glauben, sie müssten in ihrer eigenen Arbeit neue (revolutionäre) Gedanken (er)finden, um die Forderung nach Eigenständigkeit zu erfüllen. Das ist falsch! **Eigenständigkeit** bedeutet lediglich, dass die Arbeit selbstständig und ausschließlich mit den angegebenen Quellen verfasst wurde. Vorhandenes Wissen wird durch die Fragestellung in einen bestehenden Kontext eingeordnet und bewertet. Eigene Behauptungen und Argumente werden so durch den Rückgriff auf anerkannte Experten und Expertinnen untermauert. Am Ende der eigenen wissenschaftlichen Arbeit steht dann die Beantwortung der durch das Thema aufgeworfenen Fragestellung. Die Tatsache, dass die Arbeit eigenständig verfasst wurde, sichert einem auch das Urheberrecht und damit die Verwertungsrechte.

- **Ehrlichkeit** ist das Grundgesetz wissenschaftlichen Arbeitens. Es bedeutet, dass Sie Ihre Arbeit selbstständig und ohne fremde Hilfe verfassen und sämtliche Quellen, die in Ihre Arbeit eingeflossen sind, angeben (zitieren).
- **Nachvollziehbarkeit** bedeutet, dass eine Leserin bzw. ein Leser Ihrem Gedankengang folgen kann. Dazu gehört auch, dass Ihre Zitate anhand des Literaturverzeichnisses in Ihrer Arbeit überprüft werden können.
- Eine **logische Argumentation** hilft dem Leser/der Leserin, Ihren Gedankengängen zu folgen. Eine klare Gliederung und eine schlüssige Argumentationskette sind Grundlage für den „roten Faden“ Ihrer Arbeit.
- **Verständlichkeit** erreichen Sie durch einen guten Schreibstil. Sie müssen zwar die fachwissenschaftlichen

Termini Ihrer Fachsprache durchgängig verwenden; das bedeutet jedoch nicht, dass Sie sie mit Fremdwörtern überfrachten müssen oder Ihre Argumentation in schwer lesbaren Bandwurmsätzen verstecken.

- Es genügt in wissenschaftlichen Arbeiten nicht, nur Behauptungen aufzustellen. Behauptungen müssen unter Rückgriff auf die vorhandene Fachliteratur **überprüfbar** sein. Sie müssen Ihre „Fundstellen" daher in Form sogenannter Zitate angeben. Diese Angaben müssen vollständig sein, damit ein Dritter Ihre Angaben in der Literatur auffinden kann und somit ihre Argumentation prüfen kann. Eigene Erhebungen, z. B. Umfragen oder Ergebnisse von Versuchsreihen, müssen Sie dokumentieren, damit Sie sie anderen vorlegen können. Das gilt auch bei klassischen Feldforschungen. Damit erreichen Sie, dass eine andere Person Ihres Faches Ihre Ergebnisse reproduzieren kann, was wiederum Ihre Arbeit absichert.
- **Originalität** erreichen Sie am besten, indem Sie Ihre Argumente mit eigenen Worten in dem Ihnen eigenen Schreibstil darlegen. Dabei sind originelle Ideen durchaus erlaubt, solange sie von Ihnen wissenschaftlich fundiert vorgetragen und seriös vermittelt werden.
- **Vollständigkeit** bedeutet, immer an das aktuelle Wissen zum Thema anzuknüpfen, indem man die wichtigsten Theorien, Aussagen und Arbeiten sowie den aktuellen Forschungsstand zum jeweiligen Themengebiet referiert. Detailliert darzustellen sind dabei nur die Aspekte, die für die eigene Untersuchung von Relevanz sind. Sie können den Umfang auch begrenzen, indem Sie erläutern, warum Sie bestimmte Sachverhalte in Ihrer Arbeit ignorieren. Vollständigkeit be-

deutet auch, auf ungelöste Fragen, Widersprüche oder Forschungslücken hinzuweisen.

- Wer auf die Aussagen anderer zurückgreift, muss prüfen, ob diese Aussagen **gültig** (=valide) und **verlässlich** (=reliabel) sind. Anfängern fällt es naturgemäß schwer, die Gültigkeit und Verlässlichkeit der Aussagen Dritter zu beurteilen. Sie müssen sich darauf verlassen, dass andere die Aussagen vor Ihrer Veröffentlichung daraufhin geprüft haben. In empirischen Untersuchungen ist es dagegen gute Praxis, die Validität und Reliabilität der Aussagen in Bezug auf die Fragestellung statistisch nachzuweisen und diesen Nachweis auch zu referieren.
- Eine kritische Grundhaltung trägt sehr dazu bei, bei der Bearbeitung eines Themas **objektiv** zu **bleiben**. Auch wenn Sie von der Richtigkeit Ihrer Argumentation überzeugt sind, versuchen Sie selbst Argumente zu finden, die Ihre Ideen widerlegen könnten. Können Sie diese Argumente entkräften, stärken Sie Ihre eigene Argumentation und wappnen sich gleichzeitig gegen mögliche Kritik.
- Nur durch ständiges Fokussieren auf die zentrale Frage der eigenen Arbeit kann es gelingen, die **Relevanz** eines Textes für die eigene Arbeit zu beurteilen und die richtige Abgrenzung zu finden.

Die Beachtung dieser Regeln ist ein Garant für die Qualität Ihrer Arbeit. Prüfern und Prüferinnen dienen solche Kriterien als Maßstab für die Beurteilung Ihrer Arbeit. Aber auch Sie dürfen diese **Qualitätsregeln** getrost zugrunde legen, wenn Sie die Relevanz anderer Arbeiten beurteilen wollen. Scheuen Sie sich dabei nicht, Veröffentlichungen, die diese Regeln (auch teilweise) nicht hinreichend erfüllen, aus Ihrer Betrachtung auszuklammern.

Verständnisfragen

Haben Sie alles verstanden? Mit den folgenden Fragen können Sie das Gelernte schnell prüfen:

1) Ergänzen Sie den Satz:

Wissenschaftliches Arbeiten ist eine Methode zur Aneignung von Wissen und zur Gewinnung ____________________ ____________________.

2) Wer ist die Scientific Community?

☐ Die Professoren und die Professorinnen an Ihrer Hochschule
☐ Die Gemeinschaft von Wissenschaftlern und Wissenschaftlerinnen allgemein
☐ Die Forscher und Forscherinnen in Unternehmen

3) Was bedeutet kritische Distanz?

☐ Aussagen anderer müssen von Ihnen geprüft werden, bevor diese Eingang in Ihre Arbeit finden
☐ Hinterfragen Sie das Thema Ihrer wissenschaftlichen Arbeit auch während des Schreibens und passen Sie die Themenstellung falls notwendig an

4) Müssen Sie in einer wissenschaftlichen Arbeit neue (revolutionäre) Ansätze finden, um die Forderung nach Eigenständigkeit zu erfüllen?

☐ Ja
☐ Nein

5) Kreuzen Sie die zehn goldenen Regeln des wissenschaftlichen Arbeitens an:

- ☐ gute Literaturlage
- ☐ Ehrlichkeit
- ☐ Nachvollziehbarkeit
- ☐ Aktualität des Themas
- ☐ Logische Argumentation
- ☐ Verständlichkeit
- ☐ Überprüfbarkeit
- ☐ Interdisziplinarität
- ☐ Eigenständigkeit
- ☐ Vollständigkeit
- ☐ Effektivität
- ☐ Gültigkeit/Verlässlichkeit
- ☐ Objektivität
- ☐ Effizienz
- ☐ Relevanz
- ☐ Internationalität
- ☐ Empirie

Die Lösungen finden Sie online unter www.uvk-lucius.de/brueckenkurse

2 Literaturrecherche

Die Kommunikation wissenschaftlicher Erkenntnisse erfolgt zum weitaus größten Teil über wissenschaftliche Fachpublikationen in Form von Lehrbüchern, Dissertationen, Nachschlagewerken, Monografien oder Zeitschriftenaufsätzen usw. Daher ist es unerlässlich, sich von Beginn des Studiums an mit der wissenschaftlichen Fachliteratur intensiv auseinanderzusetzen. Die Flut der Fachliteratur ist heute kaum noch überschaubar, wobei die Quantität nicht unbedingt ein Indiz für die Qualität darstellt. Um dennoch möglichst viel Fachliteratur bearbeiten zu können, muss man sich eine entsprechende Lesekompetenz aneignen.

Lesekompetenz

Eine hohe Lesekompetenz ist neben dem Schreiben **die** Schlüsselqualifikation wissenschaftlichen Arbeitens. Da die erforderliche Lesekompetenz weit über das bis zum Abitur Gelernte hinausreicht, ist es empfehlenswert, sich mit verschiedenen **Lesemethoden** zu beschäftigen. Kennzeichen aller Lesemethoden ist eine aktive Auseinandersetzung mit dem zu lesenden Text. Sie vermitteln Strategien, die helfen, die Relevanz einer Veröffentlichung zu beurteilen, ohne sie vorher vollständig lesen zu müssen. Eine der anerkanntesten ist die **SQ3R-Methode** nach Robinson (= **S**urvey, **O**rientation, **R**ead, **R**ecite, **R**eview).

> Es gibt keine beste Lesemethode, entwickeln Sie daher eine eigene Lesestrategie. Lesen Sie **täglich** einen Fachaufsatz aus Ihrem Wissensgebiet und wenden Sie dabei verschiedene Strategien an, bis sie Ihre Methode gefunden haben!

Aktives Lesen wissenschaftlicher Texte bedeutet **selektives Lesen**, d.h. sie werden nicht vom ersten bis zum letzten Wort gelesen wie ein Roman. Man nähert sich dem Text am besten durch folgende Schritte:

- **Überblick verschaffen**
  Inhaltsverzeichnisse, Stichwortverzeichnisse und Literaturangaben verschaffen einen ersten Eindruck.
- **Brauchbarkeit beurteilen**
  Einleitungen und Zusammenfassungen beinhalten eine Fülle von Informationen zur Beurteilung der Relevanz der vorliegenden Veröffentlichung. Sie sollten daher zuerst gelesen werden, bevor man sich mit dem eigentlichen Text intensiv beschäftigt.
- **Niveau einschätzen**
  Hat die Prüfung bis hierher ergeben, dass die Veröffentlichung für die eigene Fragestellung infrage kommt, so sollte vor dem eigentlichen Lesen unbedingt geprüft werden, ob ihr Niveau mit dem eigenen bisherigen Wissensstand kompatibel ist. Wenn nicht, sollten vor dem Lesen des Textes die Wissenslücken unbedingt beseitigt werden.

Erst nachdem diese Schritte durchlaufen sind, wird der eigentliche Text gelesen. Die konsequente Anwendung der Methode vermeidet viel Frust: Denn, wenn man erst nach dem Lesen eines Textes merkt, dass man ihn für die Fragestellung gar nicht verwenden kann, so hat man nicht nur Zeit verschwendet, sondern möglicherweise auch viel Eifer für die Beantwortung der eigentlich spannenden Fragestellung verloren. Schlimmstenfalls ist man durch die für die Fragestellung unbrauchbare Literatur vom eigentlichen Thema abgekommen und hat Schwierigkeiten den roten Faden wieder aufzugreifen.

Englischsprachige Fachliteratur

Die wissenschaftliche Fachwelt ist heute von der englischen Sprache dominiert. Daher ist es unerlässlich, englischsprachige Bücher und Fachaufsätze fließend lesen zu können. Schulen Sie daher Ihre englische Lesekompetenz:

Tipp: Lesen Sie einen guten englischsprachigen Roman. Am besten einen, dessen Handlung Sie schon kennen. Lesen Sie als nächstes ein englischsprachiges Lehrbuch zu Ihrem jeweiligen Thema/Modul. Sie werden feststellen, dass die meisten englischsprachigen Lehrbücher über eine ausgezeichnete Didaktik verfügen, die es Ihnen sehr erleichtert, das Gelesene zu begreifen. Schlagen Sie dabei **alle** Vokabeln nach, die Sie nicht auf Anhieb übersetzen können.

Die wissenschaftliche Kommunikation findet neben der Fachliteratur auch auf Konferenzen und Kongressen statt, deren Vorträge häufig auch in englischer Sprache gehalten werden. Dort erfährt man eine Menge über den aktuellen Forschungsstand und die Debatte des eigenen Faches. Besuchen Sie solche Veranstaltungen und schulen Sie zuvor Ihr Hörverständnis.

Tipp: Schauen Sie sich einen guten Kinofilm in der englischen Originalsprache an und aktivieren Sie dabei die **englischen** Untertitel. Oder tauschen Sie sich mit Kommilitonen in englischer Sprache über Ihr Fach aus.

Literatursuche

Gerade für Anfänger ist es schwer, sich in der unübersichtlichen Literaturfülle zurechtzufinden, geschweige denn diese auf ein bestimmtes Thema hin einzugrenzen. Daher sind bestimmte Strategien hilfreich:

- **Vorwärtssuche:** In Schlagwort- und Stichwortverzeichnissen wird aktiv nach der zu einem bestimmten Thema vorhandenen Literatur gesucht.
  Vorteil: Man findet sehr schnell die aktuellste Literatur zum Thema.
  Nachteil: Man muss die „erfolgreichen" Schlag- und Stichworte sehr genau kennen.
- **Rückwärtssuche:** Auswertung von Literaturverzeichnissen.
  Vorteil: Man hat bereits einen konkreten Anknüpfungspunkt.
  Nachteil: Man kann naturgemäß nur Literatur finden, die älter ist als das Datum der ausgewerteten Literaturquelle.

Tipp: Suchen Sie eine möglichst aktuelle Dissertation zu Ihrer Fragestellung und werten Sie deren Literaturverzeichnis gründlich aus. Gute Dissertationen bilden den aktuellen Forschungsstand vollständig ab und sind daher eine wahre Fundgrube.

Zur Literaturrecherche stehen heute in Bibliotheken elektronische Kataloge zur Verfügung. Angehörige von Hochschulen erhalten über ihre Bibliothek auch Zugang zu

- **Datenbanken**: Es gibt heute zu fast jedem Fachgebiet einschlägige Datenbanken zur Literaturrecherche, die auch Zugriff auf die gängigen Aufsätze in Fachzeitschriften beinhalten. Einen Überblick über fast die gesamte weltweit verfügbare Literatur bietet der **Karlsruher Katalog** (http://www.ubka.uni-karlsruhe.de/kvk.html).

- **Internetquellen**: Eine Vielzahl von Literatur ist heute bequem im Internet zu finden. Prüfen Sie unbedingt die Seriosität der Internetseite, bevor Sie die Quelle für Ihre Arbeit verwenden. Sichern Sie sich unbedingt den Fundort im Internet und greifen Sie vor Abgabe Ihrer Arbeit auf die Seite noch einmal zu. Dokumentieren Sie das Datum Ihres letzten Aufrufes. Hinweise zur Verwendung von Internetquellen finden Sie unter http://mediensprache.net. Bitte bedenken Sie, Wikipedia ist im wissenschaftlichen Umfeld (noch) keine zitierfähige Internetressource!

Tipp: Nutzen Sie Ihre Bibliothek vor Ort regelmäßig und lassen Sie sich vom Fachpersonal in die Nutzung einweisen. **Aber Achtung:** Prüfen Sie vor dem Download oder dem Ausdrucken, ob die Literatur für Sie bzw. Ihre Fragestellung wirklich relevant ist.

Literaturverwaltung

Sollen die recherchierten Literaturquellen zu einem späteren Zeitpunkt wieder zur Verfügung stehen, müssen sie archiviert werden.

- **Literaturverwaltungsprogramme**
  Heute stehen moderne Computerprogramme zur Literaturverwaltung zur Verfügung. Sie erfordern jedoch eine intensive Auseinandersetzung mit den Programmspezifika. Besonders für Studierende, die eine wissenschaftliche

Laufbahn anstreben, sind sie unverzichtbar. Aber auch sonst sind sie von unschätzbarem Wert, wenn man sie wie alle Datenbanken sorgfältig pflegt. Eine anwenderfreundliche Benutzeroberfläche mit praktischen Tools bietet die Software **„Citavi"** (citavi.com/de).

- **Karteikarten**
  Trotz der modernen technischen Möglichkeiten sind auch Karteikarten noch immer ein probates Mittel zur Literaturverwaltung. Mit ein wenig Handarbeit lässt sich in kurzer Zeit ein respektables Verzeichnis anlegen, das Ihnen auch zur Verfügung steht, wenn der Strom ausfällt, der Rechner versagt.

Egal für welches System man sich entscheidet, sorgfältiges Arbeiten ist in jedem Fall unabdinglich.

- Literaturrecherche ist auch bei aller elektronischen Erleichterung immer noch eine aufwendige und zeitraubende Arbeit. Für die Qualität der eigenen wissenschaftlichen Arbeit ist sie jedoch unerlässlich. Wer auf die **Materialsuche** einiges an Zeit aufwendet und diese sorgfältig ausführt, sichert sich einen tiefen Einblick in das jeweilige Wissensgebiet und kann die eigene Fragestellung kompetent bearbeiten.
- Denken Sie aber daran, dass die Literaturrecherche Ihnen nur den Zugang zum Thema sichert. Sie müssen die Literatur auch noch lesen und intensiv bearbeiten, damit Sie die entsprechende Fragestellung angemessen bearbeiten können. Trennen Sie daher konsequent **Relevantes** von Unwichtigem. Und haben Sie keine Scheu, einen Aufsatz oder ein Buch zu einem bestimmten Zeitpunkt zu ignorieren. Falls er/es dennoch relevant sein sollte, werden Sie in der weiteren Arbeit an Ihrem Thema wieder darauf oder auf Vergleichbares stoßen.

- Haben Sie auch **Mut zum „Redaktionsschluss".** Eine wissenschaftliche Arbeit entsteht normalerweise unter einem gewissen Zeitdruck, weil Sie einen festen Abgabetermin haben. Nutzen Sie dies und stellen Ihre Materialsuche rechtzeitig ein, damit genügend Zeit für die Erarbeitung Ihres eigenen Textes bleibt. Niemand erwartet von Ihnen, dass Sie alles, was es zum Thema gibt, gelesen haben.

Literatur auswerten / Exzerpieren

Da man nicht alles, was man zu einem Thema gelesen hat, behalten kann, muss man sich das Gelesene für einen späteren Zugriff aufbereiten (exzerpieren). Ein **Exzerpt** ist eine mehr oder weniger kurze Zusammenfassung eines gelesenen Textes. Es kann sich auf eine Textstelle, einen Aufsatz oder ein ganzes Buch beziehen. Die Wiedergabe geschieht am besten mit eigenen Worten. Das sichert das Behalten des Gelesenen. Die Länge eines Exzerptes hängt dabei nicht unbedingt von der Länge des verarbeiteten Textes ab, sondern von der Relevanz des Gelesenen für die eigene Fragestellung.

> Trennen Sie beim Exzerpieren unbedingt die Wiedergabe der Aussage von Ihren eigenen Gedanken zum Thema oder zum gelesenen Text. Sie können sonst später Ihre Exzerpte nicht ohne Rückgriff auf die Originalliteratur weiterverwenden.

Exzerpte sind, sofern sie akkurat erstellt sind, eine unschätzbare Hilfe beim Schreiben eines eigenen Textes. Sie enthalten auf wenigen Seiten umfangreiches Wissen in komprimierter Form. Sie ermöglichen später, einen eigenen Text aus einer relativ überschaubaren Informationsmenge zusammenzustellen.

- **Computer:** Sie können Ihre Exzerpte direkt auf Ihrem Computer erfassen. Der Vorteil dabei ist, dass Sie später beim Schreiben Ihres Textes unmittelbar darauf zugreifen können. Beachten Sie aber, dass **Einscannen und Kopieren** eines Textes **kein Exzerpt** darstellen. Beachten Sie bitte auch, dass die Übersichtlichkeit auf dem Computer eingeschränkt ist, vor allem wenn Sie Ihre Dateien nicht äußerst sorgfältig bezeichnen.
- **Papier:** Exzerpte auf Papier sind mühsam, aber genau das können Sie nutzen, um die Fülle von Informationen zu beschränken. Darüber hinaus ist die Papierversion unschlagbar, wenn es darum geht, das Gelesene und im Exzerpt verarbeitete Wissen auch zu behalten.

?!! Verständnisfragen

Haben Sie alles verstanden? Mit den folgenden Fragen können Sie das Gelernte schnell prüfen:

1) Wie werden wissenschaftliche Erkenntnisse kommuniziert?

- ☐ Per E-Mail und Telefon
- ☐ Durch Fachpublikationen
- ☐ Durch Tageszeitungen
- ☐ Im Fernsehen

2) Was bedeutet „aktives Lesen“ wissenschaftlicher Texte?

- ☐ Selektives Lesen
- ☐ Akribisches Lesen
- ☐ Lautes Lesen

3) Welche Sprache gilt in Deutschland als Wissenschaftssprache?

- ☐ Deutsche Sprache
- ☐ Englische Sprache
- ☐ Spanische Sprache

4) Welche Aussage ist falsch?

- ☐ Durch die Vorwärtssuche finden Sie schnell die aktuellste Literatur zu Thema
- ☐ Die Literatursuche ist stets eine Schlagwortsuche
- ☐ Bei der Rückwärtssuche werten Sie Literaturverzeichnisse aus

5) Was ist ein Exzerpt?

- ☐ Eine Zusammenfassung eines gelesenen Textes
- ☐ Eine wissenschaftliche Arbeit
- ☐ Ein Instrument der Literaturrecherche

Die Lösungen finden Sie online unter www.uvk-lucius.de/brueckenkurse

3 Thema bearbeiten

Weil sich jedes Thema in einen größeren Kontext einordnet, fällt es vielen Studierenden bei ihren wissenschaftlichen Arbeiten schwer, einen roten Faden zu finden. Ursache dafür ist eine nicht tief genug reichende Kenntnis des Fachgebietes und daraus resultierende Unsicherheit. Dies kann man bewältigen, wenn man folgende Aspekte beachtet:

- Verschaffen Sie sich einen Überblick über den Kontext des Themas.
- Recherchieren Sie den aktuellen Forschungsstand.
- Erfassen Sie die für Ihr Thema relevanten Theorien und Modelle.
- Grenzen Sie Ihr Thema ein und halten Sie diesen Fokus konsequent bei.

Sie müssen für die Bearbeitung Ihres Themas wesentlich mehr Literatur lesen, als Sie nachher für Ihren eigentlichen Text benötigen. Diese scheinbare Mehrarbeit sichert Ihnen jedoch einen umfassenden Überblick über das Themengebiet. Nur wenn Sie möglichst viel über Ihr Thema wissen, können Sie auch eigene Ideen entwickeln und Sie sind bei einer eventuellen Verteidigung Ihres Themas in der Lage, weitergehende Fragen sicher zu beantworten. Scheuen Sie auch nicht den Blick „über den Tellerrand“, indem Sie Informationen verwandter Disziplinen zurate ziehen.

Verständnisfragen

Haben Sie alles verstanden? Mit den folgenden Fragen können Sie das Gelernte schnell prüfen:

1) Was fällt Studierenden regelmäßig schwer?

☐ Den roten Faden durch ein Thema zu legen
☐ Geeignete Literatur zu finden
☐ Das Thema zu verstehen

2) Was hilft Ihnen nicht dabei, ein Thema in einen größeren Kontext einzuordnen?

☐ Den aktuellen Forschungsstand recherchieren
☐ Die relevante Theorien und Modelle erfassen
☐ Die wichtigsten statistischen Methoden analysieren

3) Sie müssen wesentlich mehr Literatur lesen, als Sie nachher im Text verwenden können.

☐ Richtig
☐ Falsch

4) Was ist mit „Blick über den Tellerrand" gemeint?

☐ Ziehen Sie auch verwandte wissenschaftliche Nachbardisziplinen zurate
☐ Grenzen Sie Ihr Thema nicht ein und öffnen Sie berücksichtigen Sie angrenzenden Fragestellungen

Die Lösungen finden Sie online unter www.uvk-lucius.de/brueckenkurse

4 Richtiges Zitieren

Ein Zitat gibt die Gedanken und Argumente anderer Autoren und Autorinnen wieder. Man benötigt diesen Rückgriff auf Experten eines Faches, um die eigene Argumentation zu untermauern. Da es sich dabei um fremdes Gedankengut handelt, muss man die zitierte Quelle immer belegen. Zitate sind deshalb der sensibelste Teil jeder wissenschaftlichen Arbeit. Hier werden die meisten Fehler gemacht. Deshalb ist hierauf größte Sorgfalt zu legen.

Umgekehrt ist es jedoch Ihr gutes Recht, aus jedweder wissenschaftlichen Veröffentlichung zitieren zu dürfen, ohne vorher den Autor oder die Autorin um Erlaubnis bitten zu müssen. Von diesem sogenannten **Zitatprivileg** sollten Sie daher rege Gebrauch machen, weil Sie nur so Ihre eigene Argumentation sicher untermauern können.

Zitierweisen

- **Zitieren mit Vollbeleg**
  Hierbei werden die Quellenangaben als Fußnoten am unteren Blattrand angegeben. Es werden sämtliche bibliografischen Angaben in der Fußnote erfasst (Autor, Erscheinungsjahr, Titel der Veröffentlichung, bei Zeitschriften: Name der Zeitschrift, Jahrgang und Heft; Erscheinungsort, Seiten, auf die sich das Zitat bezieht).
- **Zitieren mit Kurzbeleg**
  Hierbei werden die Quellenangaben als Fußnoten am unteren Blattrand angegeben. Die bibliografischen Angaben werden hier verkürzt angegeben (Autor, Erscheinungsjahr und Seitenangabe).

- **Harvard-Zitierweise**
  Variante des Kurzbelegs: Die Quellenangabe erfolgt im laufenden Text in Klammern: (Autor, Erscheinungsjahr, Seitenangabe).

Regeln für das Zitieren

- Wer zitiert, zeigt, dass er die Ansicht der zitierten Person teilt, wenn nicht, muss man das klar zum Ausdruck bringen.
- Aus dem Zitat müssen sich Autor und Quelle eindeutig ergeben.
- Fremdsprachige Autoren werden bei wörtlichen Zitaten in der Originalsprache zitiert.
- Zitate dürfen nicht sinnentstellend erfolgen oder aus dem Zusammenhang gerissen werden: Das sind Mittel der Politik, nicht der Wissenschaft.

Indirekte Zitate

Dies ist die häufigste Form des Zitats. Dabei wird das Zitat in indirekter Sprache in den Textfluss zur Unterstützung der eigenen Argumentation eingebaut.

Indirekte Zitate sind das Herzstück Ihrer Arbeit. Mit deren Hilfe untermauern Sie Ihre Argumentation. Sie brauchen jedoch nicht auf eigene Ideen verzichten. Im Gegenteil: Wenn Sie einen guten Gedanken haben, recherchieren Sie in der Literatur nach einer vergleichbaren Argumentation und zitieren Sie diese Fundstelle. Damit haben Sie den Beweis erbracht, dass Ihr Gedanke alles andere als abwegig ist.

Vielen Studierenden fällt es naturgemäß schwer, indirekte Zitate sicher zu erstellen.

Tipp: Überprüfen Sie schon während Ihres Studiums die Zitate anderer. Beschaffen Sie sich die Literatur, die eine andere Person zitiert, und vollziehen Sie nach, wie diese Fundstelle in der Ihnen vorliegenden Arbeit eingearbeitet wurde. Wenn Sie Belege anderer auf diese Weise regelmäßig nachvollziehen, werden Sie immer sicherer in der Technik des indirekten Zitats.

Wörtliche Zitate

Dabei wird der Gedanke der zitierten Person wörtlich in Anführungszeichen wiedergegeben. Wörtliche Zitate sollten äußerst sparsam verwendet werden. Für studentische Arbeiten gilt:

- Verwenden Sie wörtliche Zitate so wenig wie möglich.
- Verwenden Sie wörtliche Zitate nur, wenn das Zitat so prägnant ist, dass Sie es selber mit eigenen Worten nicht ausdrücken können.

Anzahl von Zitaten

Zur Untermauerung der eigenen Ansicht ist das Zitat unumgänglich. Zitate sind Indizienbeweise, die die Argumentationskette einer wissenschaftlichen Arbeit absichern. Da eine wissenschaftliche Arbeit aber eine eigenständige Leistung der verfassenden Person sein muss, darf sie nicht nur aus einer Aneinanderreihung verschiedener Zitate bestehen. Als Faustregel gilt, dass man ca. 1,5 Zitate im Durchschnitt pro Druckseite verwenden sollte. Bei einer 30-seitigen Arbeit umfasst das Literaturverzeichnis dann ca. 45 unterschiedliche Quellenangaben. Je nach Gepflogenheiten des einzelnen Fachgebietes sind Abweichungen selbstverständlich möglich.

Formulierung von Zitaten

Bei einem indirekten Zitat genügt es nicht, den zitierten Text nur umzuformulieren. Das Zitat muss mit eigenen Worten wiedergegeben werden und so dem eigenen Sprachstil angepasst werden. Dies bedarf einiger Übung. Wörtliche Zitate sind auch deshalb nur sparsam zu verwenden, weil sie den Lesefluss stören.

Verständnisfragen

Haben Sie alles verstanden? Mit den folgenden Fragen können Sie das Gelernte schnell prüfen:

1) Welches ist keine gängige Zitierweise?

- ☐ Harvard-Zitierweise
- ☐ Zitieren mit Kurzbeleg
- ☐ Cambridge-Zitierweise
- ☐ Zitieren mit Vollbeleg

2) Was müssen Sie bei der Verwendung eines Zitates unbedingt tun?

- ☐ Autor bzw. Quelle eindeutig nennen
- ☐ Den Verlag und Verlagsort nennen
- ☐ Fremdsprachige Zitate immer ins Deutsche übersetzen

3) Wie sollten Sie in Ihrer wissenschaftlichen Arbeit häufiger zitieren?

☐ Indirekt/in eigenen Worten
☐ Direkt/wörtlich

4) Wie viel Zitate sollten Sie pro Druckseite durchschnittlich verwenden (Faustregel)?

☐ 3 Zitate/Druckseite
☐ 1,5 Zitate/Druckseite
☐ 5 Zitate/Druckseite

5) Was müssen Sie bei einem indirekten Zitat leisten?

☐ das wörtliche Zitat leicht umformulieren
☐ das wörtliche Zitat komplett in eigenen Worten formulieren
☐ das wörtliche Zitat nicht verändern

Die Lösungen finden Sie online unter www.uvk-lucius.de/brueckenkurse

5 Gliederung

Eine gute Gliederung ist bereits die halbe Arbeit. Sie sichert den roten Faden und hilft das Thema vom größeren Kontext abzugrenzen. Gerade wissenschaftliche Arbeiten sind mehr als nur die Aneinanderreihung von Behauptungen und Gedanken. Wissenschaftliche Arbeiten gliedern sich immer in die klassischen drei Stufen: Einleitung oder Problemstellung, Hauptteil und Schluss bzw. Zusammenfassung oder Fazit.

- Die **Einleitung und die Zusammenfassung** sind die Klammer, die das ganze Werk zusammenhält. Sie werden **immer** als letztes verfasst, aber grundsätzlich zuerst gelesen!
- Man beginnt daher die Arbeit mit dem Hauptteil und dort mit den zentralen Gedanken und fügt die anderen Kapitel wie Zwiebelschalen an.

Gliederungsprinzipien

Am häufigsten verwendet wird heute die **numerische Gliederung nach dem Abstufungsprinzip**, weil diese Form zur Übersichtlichkeit wissenschaftlicher Arbeiten beiträgt:

1. Einleitung
2. Hauptteil
   - 2.1 Erstes Hauptkapitel
     - 2.1.1 Erstes Unterkapitel
     - 2.1.2 Zweites Unterkapitel
   - 2.2 Zweites Hauptkapitel … usw.
3. Schluss

Hinzu treten unterschiedliche **rhetorische Gliederungsprinzipien** (Beispiele:)

- Vom Allgemeinen auf das Besondere schließen (**deduktiv**)
- oder umgekehrt vom Besonderen auf das Allgemeine (**induktiv**).
- Man kann auch **chronologisch** gliedern
- oder nach **Ursache** und **Wirkung**sbeziehungen.
- Ebenso lässt sich nach Gleichheiten und Unterschieden (**Relationen**) gliedern.
- Auch sind Gliederungen nach dem **Gefühl**, die von Wichtigem zu Unwichtigem fortschreiten oder umgekehrt, gängig.

Ein weiteres bislang im wissenschaftlichen Umfeld selten eingesetztes Gliederungsprinzip ist das der **Abduktion**. Dieses auch als **Suche nach der besten Erklärung** bezeichnete Verfahren wenden wir im Alltag ständig an (vgl. Kornmeier, S. 80 ff.). Es funktioniert ähnlich wie die Arbeit eines Kriminalisten, der nur aufgrund vorhandener belegbarer Indizien Rückschlüsse zieht, die zur Überführung des Täters bzw. der Täterin führen. Besonders in den empirischen Wissenschaften verdichten sich die Anzeichen, dass substanziell neue Erkenntnisse nur mit der Abduktion zu gewinnen sind (vgl. Kornmeier, S. 83).

Wofür Sie sich letztendlich entscheiden, hängt von den Gepflogenheiten Ihres Faches, Ihrem Thema und letztlich auch von Ihrem Geschmack ab.

Gliederungstiefe

Wie tief eine Arbeit zu gliedern ist, hängt in erster Linie von ihrem Umfang ab. Grundsätzlich wird bei wissenschaftlichen Arbeiten in der Regel nur der Hauptteil weiter untergliedert. Beachten Sie auch, dass jede Gliederungsebene mindestens zwei Kapitel umfassen muss (auf 1 folgt immer 2).

Verständnisfragen

Haben Sie alles verstanden? Mit den folgenden Fragen können Sie das Gelernte schnell prüfen:

1) Was leistet eine Gliederung?

☐ Sie legt den roten Faden durch das Thema
☐ Sie fasst das Thema sinnvoll zusammen
☐ Sie lehnt sich an eine andere wissenschaftliche Arbeit an

2) Ergänzen Sie den Satz:

Einleitung und Zusammenfassung sind die ____________, die das ganze Werk zusammenhält. Sie werden immer als ____________ verfasst.

3) Welche Gliederungsform ist in wissenschaftlichen Arbeiten gängig?

☐ Die numerische Gliederung [1, 2, 3 …]
☐ Die alphabetische Gliederung [a, b, c …]

4) Welche Aussage über die Gliederungsprinzipien ist falsch?

☐ Die deduktive Gliederung schließt von Allgemeinen auf das Besondere
☐ Die induktive Gliederung schließt von Besonderen auf das Allgemeine
☐ Die abduktive Gliederung stellt Ursache und Wirkung dar

5) Was versteht man unter Gliederungstiefe?

☐ Die Anzahl der Untergliederungspunkte
☐ Die Länge der Gliederung

Die Lösungen finden Sie online unter www.uvk-lucius.de/brueckenkurse

6 Wissenschaftliches Schreiben

Eigene wissenschaftliche Texte zu verfassen gehört zu den größten Herausforderungen im Studium. Von der ersten Hausarbeit über Seminararbeiten bis hin zur Bachelorarbeit steigt das Niveau dabei stetig an. Je sicherer man allgemein im Umgang mit der wissenschaftlichen Fachliteratur ist, desto besser ist man auch in der Lage, eigene Texte zu verfassen.

Prozess wissenschaftlichen Schreibens

Wissenschaftliches Schreiben ist ein Schaffensprozess, der nach außen nicht sichtbar wird, weil nur das fertige Endprodukt in Form eines Fachaufsatzes, eines Lehrbuches oder einer anderen Veröffentlichung in Erscheinung tritt. Dieser Schaffensprozess ist von mehr oder weniger starken Gefühlen begleitet. Weil dies aber im wissenschaftlichen Betrieb kaum kommuniziert wird, ist es besonders für Anfänger schwer, mit diesen Gefühlen umzugehen (vgl. Lutz von Werder, 1993). Obwohl der dahinterliegende Prozess verborgen bleibt, wird von Studierenden verlangt, dass sie ihn beherrschen. Es wird von einem Begabungsmythos ausgegangen nach dem Motto: Wissenschaftliches Schreiben kann man eben oder nicht! (U. Scheuermann, 2012).

> Nutzen Sie Ihre Gefühle beim Schreiben: Ein gutes Gefühl zeigt, dass Sie auf dem richtigen Weg sind. Ein überschwängliches Gefühl sollte Sie aber warnen, dass Sie sich vielleicht in eine „fixe Idee verrennen“. Ein schlechtes Gefühl zeigt entweder, dass Sie unsicher sind oder sich noch nicht hinreichend mit dem Thema beschäftigt haben.
>
> Informieren Sie sich, ob es an Ihrer Hochschule Hilfestellungen für den Erwerb dieser Fähigkeit gibt (z. B. Schreibwerkstatt).

Schreibhemmungen

Die wissenschaftliche Sprache setzt einen hohen Grad an Abstraktionsfähigkeit voraus. Sie ist eine Monologsprache. Um diese zu beherrschen, ist es notwendig, die eigene innere Sprache, das schweigende mit-sich-selber-Sprechen, in eine äußere Schriftsprache zu übersetzen. Dies ist auch eine der zentralen Ursachen für Hemmungen, die Studierende beim Erwerb der entsprechenden Qualifikation erfahren. Gerade zu Beginn fällt es schwer, die spezifischen Fachbegriffe angemessen zu verwenden, da zu diesem Zeitpunkt tiefgreifende Fachkenntnisse noch fehlen (L. von Werder, 1993, S. 18 ff.). Der wissenschaftliche Schreibprozess ist individuell sehr unterschiedlich. Ein Patentrezept gibt es daher nicht, aber ein paar gute Strategien:

- **Journalschreiben** (L. von Werder, 1993)
  Mithilfe der Journaltechnik lassen sich bereits bekanntes Wissen und neues Wissen schriftlich festhalten. Auch eigene Gedanken und ungeklärte Fragestellungen lassen sich hier notieren. Dadurch werden Zusammenhänge besser ersichtlich. Am besten legen sie sich eine Loseblattsammlung in Ringbuchform an, in der Sie alles notieren, was Sie im Laufe Ihres Studiums beschäftigt. Ihr Journal sollte alle Aufzeichnungen aus Vorlesungen, Seminaren oder Übungen enthalten. Auch die Ergebnisse Ihres Selbststudiums können Sie hier festhalten. Notieren Sie in einer separaten Spalte Ihre eigenen Gedanken und Ideen oder Fragen zu einem bestimmten Thema. Das fördert Ihre Schreibkompetenz. Sie können natürlich auch Ihre elektronische Variante „erfinden".
- **Draufloschreiben** (A. Jäger, 2007)
  Wenn man den Kopf voll mit Ideen hat, hilft es, einfach drauflos zu schreiben. Dabei umgehen Sie die „Selbstzen-

sur", denn der Text muss nicht druckreif sein, korrigieren können Sie immer noch. So gehen keine Ideen verloren.

- **Schreibdenken** (U. Scheuermann, 2012)
  So wie man beim Sprechen bereits vorausdenken kann, kann man auch schreiben und denken gleichzeitig. Auch hier wird zunächst völlig unzensiert „ins Unreine geschrieben". Das hilft bei „Aufschieberitis" und eignet sich besonders bei fehlender Schreibroutine.

Sprache und Schreibstil

Wissenschaftliche Texte haben die Aufgabe, fachbezogene Sachverhalte darzustellen. Dafür ist ein hohes sprachliches Niveau erforderlich. Fachtermini sind in wissenschaftlichen Arbeiten unumgänglich, eine hohe Fremdwortdichte ist aber nicht nötig. Ebenso ist ein komplizierter und verschachtelter Satzbau kein Kennzeichen guter wissenschaftlicher Texte.

- Jeder Gedankengang verdient einen eigenen Absatz.
- Schreiben Sie im Präsens, so vermeiden Sie einen Erzählstil.
- Verzichten Sie auf unscharfe Begriffe (eigentlich, ungefähr, irgendwie usw.).
- Bleiben Sie sachlich und neutral.
- Geschickte Übergänge zwischen den Kapiteln erhöhen die Lesbarkeit.
- Vermeiden Sie Nominalstil (Behördendeutsch).
- Vermeiden Sie doppelnde Adjektive (weiße Schimmel, kalkulierte Berechnungen).
- Verwenden Sie keine Superlative. Es gibt keine „beste Theorie"!

Das früher vor allem in Deutschland gültige Verbot, wissenschaftliche Texte in der Ich-Form zu verfassen, hat sich inzwischen gelockert. Da es aber hier disziplintypische Präferenzen gibt, müssen Sie sich informieren, wie es in Ihrem Fachgebiet gehandhabt wird (vgl. H. Esselborn-Krumbiegel, 2010; S. Kühtz, 2011).

Verständnisfragen

Haben Sie alles verstanden? Mit den folgenden Fragen können Sie das Gelernte schnell prüfen:

1) Welche wissenschaftliche Arbeit hat das höchste Niveau?

☐ Hausarbeit
☐ Bachelorarbeit
☐ Seminararbeit

2) Was ist eine Schreibwerkstatt?

☐ Ein Angebot der Hochschule, wissenschaftliches Schreiben zu erlenen
☐ Ein Zusammenschluss von Ghostwritern
☐ Ein Raum in der Hochschulbibliothek, in dem Sie Ihre wissenschaftliche Arbeit verfassen können

3) Was ist keine gute Schreibstrategie?

☐ Journalschreiben
☐ Drauflosschreiben
☐ Kompetenzschreiben
☐ Schreibdenken

4) Was versteht man unter Fachtermini?

- ☐ Definierte Begriffe aus dem wissenschaftlichen Sachgebiet
- ☐ Wissenschaftliche Fremdwörter
- ☐ Eine Sammlung von Schlagwörtern

5) Ergänzen Sie den Satz:

Schreiben Sie im ________________, so vermeiden Sie einen Erzählstil.

Die Lösungen finden Sie online unter www.uvk-lucius.de/brueckenkurse

7 Gestaltung der Arbeit

Moderne Textverarbeitungsprogramme bieten heute nahezu perfekte Layoutmöglichkeiten. Deren Anwendung wird daher in wissenschaftlichen Prüfungsarbeiten von Ihnen erwartet.

- Legen Sie sich eine Textvorlage nach den Angaben Ihres Fachgebietes an.
- Gestalten Sie Seiten- und Absatzumbrüche einheitlich.
- Aktivieren Sie die automatische Silbentrennung.
- Vertrauen Sie nicht blind auf die Rechtschreibprüfung.
- Generieren Sie das Inhaltsverzeichnis automatisch.

Abbildungen und Tabellen können zum Inhalt einer wissenschaftlichen Arbeit einen wichtigen Teil beitragen. Kopieren Sie diese aber nicht einfach in Ihre Arbeit hinein, sondern gestalten Sie sie selbst. Es ist durchaus zulässig, eine Abbildung aus einer anderen Veröffentlichung im eigenen Layout „nachzubauen“. Geben Sie aber unbedingt die Quelle als Zitat an.

Für die Gestaltung einer wissenschaftlichen Prüfungsarbeit gibt es von jedem Lehrgebiet entsprechende Vorgaben als Hilfestellung (z. B. Schriftart, Schriftgröße, Zeilenabstand, Seitenränder usw.).

Verständnisfragen

?!!

Haben Sie alles verstanden? Mit den folgenden Fragen können Sie das Gelernte schnell prüfen:

1) Sind technische Hilfsmittel bei der Erstellung einer wissenschaftlichen Arbeit erlaubt?

☐ Nein, eine wissenschaftliche Arbeit muss handschriftlich verfasst werden

- ☐ Ja, ein Computer und ein Textverarbeitungsprogramm (z. B. Microsoft Word)

2) Dürfen Abbildungen aus anderen Veröffentlichungen in einer wissenschaftlichen Arbeit verwendet werden?

- ☐ Ja, Sie können die Abbildung einscannen und in Ihrer Arbeit verwenden
- ☐ Ja, aber gestalten Sie diese Abbildung in Anlehnung an die Vorlage selbst

3) Gibt es Vorgaben zur Gestaltung einer wissenschaftlichen Arbeit?

- ☐ Nein, Sie müssen lediglich sauber und nachvollziehbar arbeiten
- ☐ Ja, es gibt deutschlandweit einen Standard, nachdem Sie sich richten müssen
- ☐ Ja, es gibt Vorgaben, die sich von Fachgebiet zu Fachgebiet unterscheiden können

4) Müssen Sie Internetquellen in das Literaturverzeichnis aufnehmen?

- ☐ Nein
- ☐ Ja, unbedingt mit URL
- ☐ Nur, wenn es sich um überregionale Tageszeitungen handelt

Die Lösungen finden Sie online unter www.uvk-lucius.de/brueckenkurse

8 Literaturverzeichnis

Das Literaturverzeichnis ist der Indizienbeweis Ihrer Arbeit. Die Erstellung des Literaturverzeichnisses muss daher äußerst sorgfältig erfolgen. Hier werden alle zitierten Arbeiten aufgenommen. Alles, was man sonst noch zum Thema gelesen hat, gehört hier nicht hinein. Es wird alphabetisch und chronologisch (das Jüngste zuerst) nach dem Familiennamen des Verfassers bzw. der Verfasserin geordnet.

- Prüfen Sie bei der Korrektur Ihrer Arbeit **jedes** Zitat auf die Richtigkeit der bibliografischen Angaben.
- Geben Sie bei Zitaten aus dem Internet die URL an. Hinweise für das Zitieren von Internetquellen finden Sie unter: http://www.mediensprache.net.

Verständnisfragen

Haben Sie alles verstanden? Mit den folgenden Fragen können Sie das Gelernte schnell prüfen:

1) Was muss in das Literaturverzeichnis aufgenommen werden?

☐ Die in der wissenschaftlichen Arbeit zitierte Literatur
☐ Weiterführende Literatur

2) Wie muss ein Literaturverzeichnis geordnet werden?

☐ Chronologisch und dann alphabetisch
☐ Nach Relevanz der zitierten Literatur
☐ Alphabetisch und dann chronologisch

3) Müssen Sie Internetquellen in das Literaturverzeichnis aufnehmen?

- ☐ Nein
- ☐ Ja, unbedingt mit URL
- ☐ Nur, wenn es sich um eine bekannte Website handelt

Die Lösungen finden Sie online unter
www.uvk-lucius.de/brueckenkurse

9 Service

Zeitplan

Die Bearbeitungszeit für eine Bachelorarbeit beträgt ca. 8 Wochen, für eine Hausarbeit oder Seminararbeit steht entsprechend weniger Zeit zur Verfügung. Beginnen Sie daher möglichst früh mit der Recherche und Materialauswertung. Schreiben Sie auch zeitig Ihre Rohfassung, und zwar bevor die Recherche abgeschlossen ist. Nutzen Sie den Zeitdruck, um Ihre Recherche zu beenden, damit Sie sich vollständig auf die Überarbeitung und Korrektur Ihres Textes konzentrieren können. Man kann nicht alles zu einem Thema lesen und das erwartet auch niemand.

Damit der Zeitdruck nicht zu groß wird, gibt es eigentlich nur einen einzigen Rat: Fangen Sie einfach mit dem Schreibprojekt an und schieben Sie nichts auf!

Denken Sie dabei auch daran, dass der Bearbeitungsprozess eines wissenschaftlichen Projekts nicht linear verläuft, sondern Recherche, Materialauswertung und Schreiben parallel stattfinden.

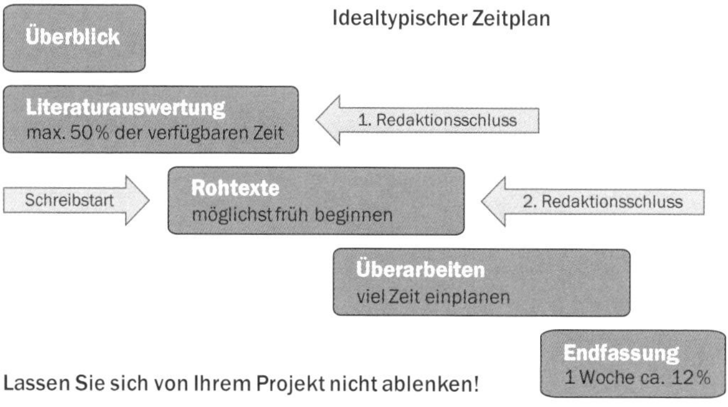

Checkliste: Was ich vor der Abgabe der Arbeit unbedingt prüfen sollte

Deckblatt	■ erfüllt die erforderlichen Angaben	☐
Eidestattliche Erklärung	■ ist unterschrieben	☐
Inhaltsverzeichnis	■ Nummerierungen der Kapitel und die Kapitelüberschriften stimmen mit dem Text überein	☐
	■ Seitenangaben stimmen	☐
Literaturverzeichnis	■ enthält **nur** die im Text zitierten Fundstellen	☐
	■ enthält wirklich **alle** im Text zitierten Fundstellen	☐
Fachtermini	■ werden konsequent in derselben Schreibweise verwendet	☐
Abbildungen/ Tabellen	■ sind richtig beschriftet	☐
	■ passen sich gut in das Layout des Textes ein	☐
	■ Tabellen- und/oder Abbildungsverzeichnis stimmen	☐
	■ Verweise auf Abbildungen und/oder Tabellen befinden sich an der richtigen Stelle im Text	☐
Format/Layout	■ erfüllt tatsächlich die amtlichen Vorgaben	☐
	■ Schriftarten und Schriftgrößen sind einheitlich	☐
Rechtschreibung	■ wurde intensiv geprüft	☐

Notwendige Ressourcen/Handapparat

Deutsches Wörterbuch/ Duden Fremdwörterbuch Fachwissenschaftliches Lexikon Englisches Wörterbuch und Fachwörterbuch Rechtschreib- und Grammatikregeln Lehrbücher	**Merke:** unbekannte Fremdworte, Fachbegriffe oder Vokabeln IMMER SOFORT nachschlagen

Bitte beachten Sie, dass alle Angaben in dieser Lerntafel nur allgemeine Hinweise darstellen. Anleitungen und Regeln Ihres Betreuers oder Ihrer Betreuerin haben immer Vorrang. Informieren Sie sich rechtzeitig über die entsprechenden Gepflogenheiten in Ihrem Fachgebiet.

Glossar

Bachelorthesis:
Abschlussarbeit eines Bachelorstudiums. Umfang ca. 6–12 ECTS.

Beleg:
Kurzbezeichnung für Literaturbeleg (vgl. Zitat).

Exzerpt:
Kurze Zusammenfassung eines Textes in Bezug auf die eigene Fragestellung als Instrument der Literaturauswertung. Eigene Ideen und Gedanken sind streng vom Gedankengut der ausgewerteten Quelle zu trennen.

Masterthesis:
Abschlussarbeit eines Masterstudiums. Umfang ca. 15–30 ECTS.

Plagiat:
Unzulässige Übernahme fremden Gedankenguts zum eigenen Vorteil, ohne die Übernahme zu kennzeichnen bzw. die verwendete Quelle als Zitat auszuweisen.

Zitat:
Wortgetreue oder sinngemäß übernommene Gedanken eines Textes mit eindeutigem Hinweis auf die zitierte Veröffentlichung. Dient der Beweissicherung für die eigene Argumentationskette.

Fußnote:
a) Hinweis auf eine Quellenangabe in der Fußzeile der Seite. Nummerierung ist fortlaufend, kann jedoch auf jeder Seite neu beginnen.
b) Zusätzliche Informationen, die nicht zwingend für das Verständnis des Textes nötig sind, dem Leser bzw. der Leserin jedoch wichtige Zusatzinformationen liefern.

Kreuzworträtsel

1. Ort mit vielen Büchern
2. Suchmaschine
3. Akademische Titel
4. Ein Buch zeitweise nutzen
5. Vorlesungsort

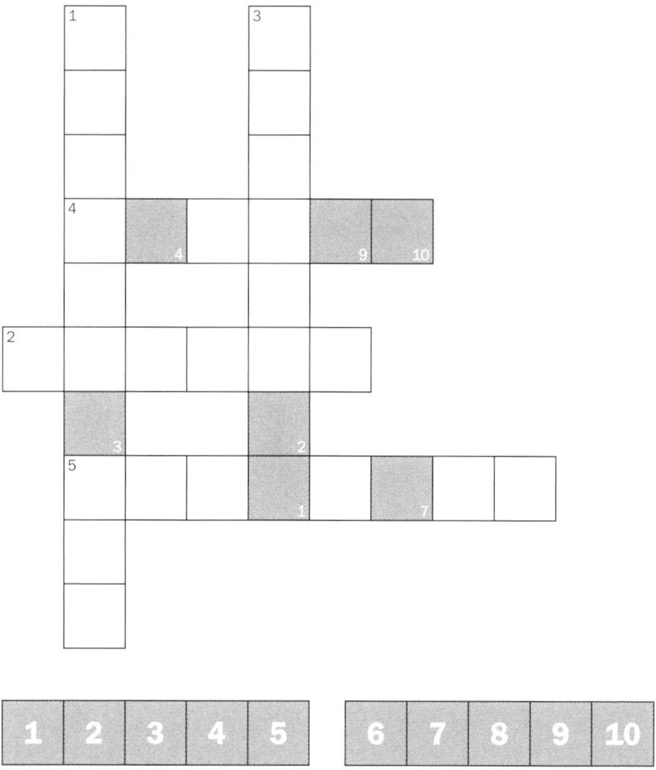

1. Wörterbuch
2. URL
3. Übernahme fremden Gedankenguts
4. Stichwortverzeichnis
5. Erklärung eines Wortes
6. Grammatikalische Zeitform
7. Zitierweise

1. Anderes Wort für Literatursuche
2. Verwendete Literatur
3. Periodische Publikation
4. Technisches Hilfsmittel
5. World Wide Web
6. Quellenangabe
7. Ortographie

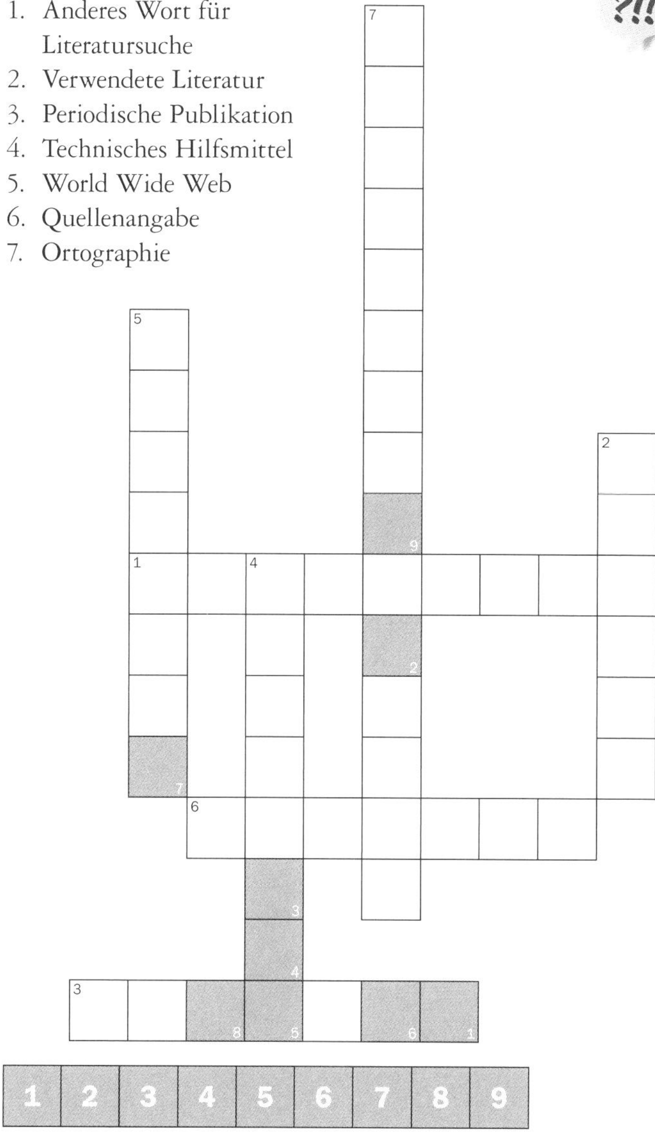

Literaturtipps

Esselborn-Krumbiegel, H. (2012): Richtig wissenschaftlich schreiben. 2. Aufl. Paderborn: Schöningh, UTB

Gleitsmann, B., Suthaus, C. (2013): Wissenschaftliches Arbeiten im Wirtschaftsstudium. München: UVK Lucius, UTB

Jäger, A. (2007): Erfolgreich schreiben im Beruf. Darmstadt: Wissenschaftliche Buchgesellschaft

Kornmeier, M. (2007): Wissenschaftstheorie und wissenschaftliches Arbeiten. Heidelberg: Physica

Kühtz, S. (2011): Wissenschaftlich formulieren. Paderborn: Schöningh, UTB

Scheuermann, U. (2012): Schreibdenken. Opladen: Barbara Budrich, UTB

von Werder, L. (1993): Lehrbuch des wissenschaftlichen Schreibens. Berlin: Schibri

Voss, R. (2011): Wissenschaftliches Arbeiten … leicht verständlich, 2. Aufl. München: UVK Lucius, UTB

Stichwortverzeichnis

Stress dich nicht!
B. Krautz / H. Schiebeck
J. Schülke
Stressfrei studieren ohne Burnout
UVK Lucius
UTB
Barbara Krautz,
Heike Schiebeck,
Jörg Schülke
Stressfrei studieren
ohne Burnout
2013, 184 Seiten, flex. Einb.
ISBN 978-3-8252-3907-7
€ (D) 9,99
www.uvk-lucius.de/stressfreistudieren
UVK Lucius
utb.